Dedica autrice...

"Dedico questo volume a me stessa per essere stata brava a trovare la strada che stavo cercando, anche se non riuscivo a vederla!"

AFORISMI INEDITI

Prima edizione Dicembre 2024

Collana di Aforismi Volume n° 2

di Maria Falsetta

Stampa 02 Dicembre 2024

© 2024 Maria Falsetta

Aforismi inediti

VOL.2

di Maria Falsetta

Titolo Collana: "Aforismi Inediti " Volume 2

Autrice: Maria Falsetta

Data di pubblicazione: ...02 Dic.2024

Editrice: Maria Falsetta

Ivi residente a Catanzaro (88100) - Italy -
mariafalsetta@libero.it
Tutti i diritti sono riservati IN Italia il diritto d"autore è regolato dalla legge 22-04-1941 n. 633 sulla Protezione del diritto d"autore e di altri diritti connessi al suo esercizio con le sue numerose modificazioni ed integrazioni nonché dal Codice Civile, libro V, titolo nono, capo I, articoli 2575-2583. Sono severamente vietate la riproduzione, la distribuzione, l"archiviazione e la trasmissione di parti di questo testo, con qualsiasi mezzo e IN qualsiasi forma, senza l"autorizzazione scritta e firmata dell"autore.

Copyright © 2024 Maria Falsetta

Maria Falsetta

Aforismi inediti

Prefazione M*aria Falsetta*

Introduzione Maria Falsetta

Collana Aforismi inediti - volume 2 -

Autrice & Editrice

Maria Falsetta

Copyright © 2024 Maria Falsetta

PREFAZIONE

AFORISMI INEDITI

di Maria Falsetta

Miei Cari,

È con grande piacere che mi accingo a scrivere queste righe per presentare il secondo volume della Collana di "Aforismi inediti", che celebra il talento e la passione innata della poetessa e scrittrice Maria Falsetta. L'autrice con le sue opere, è in grado di attraversare le barriere del tempo e dello spazio. In un mondo che spesso sembra affrettarsi senza soste, le parole e le riflessioni di Maria ci invitano a prendere una pausa, a riflettere e a lasciarci trasportare dalle emozioni. La poesia che si cela nei suoi aforismi è un viaggio attraverso le sfumature dell'esperienza umana. Ogni verso è intriso di una profonda introspezione, capace di toccare le corde più intime del nostro essere. Con una maestria che rasenta il sublime, l'autrice riesce a catturare la bellezza sfuggente dei momenti quotidiani, trasformandoli in immagini vivide che rimangono scolpite nella mente. Nel suo percorso introspettivo, Maria si distingue per la capacità di intrecciare realtà e immaginazione. Le sue storie, i suoi pensieri e il suo modo di affrontare la vita e le sfide di ogni giorno ci offrono una via d'uscita dalla complessità del quotidiano, immergendoci in un universo dove i confini tra sogno e realtà si dissolvono. Ogni pagina è un invito a scoprire nuovi mondi, a confrontarci con le nostre paure e i nostri desideri. Queste parole non sono solo un'introduzione all'opera che state per leggere, ma anche un invito a lasciarvi avvolgere dalla magia della scrittura di Maria Falsetta. Preparatevi a essere sorpresi, commossi e ispirati.

Buona lettura!

Copyright © 2024 Maria Falsetta

02 Dicembre 2024

Aforismi inediti

Introduzione

Sul piano poetico-letterario, l'autrice non si limita a esporre il suo vissuto, "ma riesce a comunicare la sua intensità attraverso la scrittura". "L'impulso genera un pensiero che, tradotto in aforisma, trasmette un universo di emozioni, introspezione e saggezza, ordinando, lettera dopo lettera, ogni parola e ogni frase in un tempo senza fine." La scrittura" diventa così un "laboratorio alchemico", dove l'ordinarietà della vita si trasforma in opera d'arte. Attraverso l'uso di metafore evocative e un linguaggio ricercato, Maria riesce a catturare l'essenza nei "meandri della sua esistenza". Le pagine si animano di colori, suoni e odori, mentre il lettore si perde nei ricordi della sua esistenza. Ogni aforisma è un pensiero distillato che riempie il silenzio e invita alla riflessione. La forza della sua scrittura risiede nella capacità di rendere universale il particolare, di far vibrare le corde dell'anima attraverso la condivisione di esperienze uniche. In questo percorso, l'autrice non teme di mostrare le fragilità e le vulnerabilità, creando un legame profondo con chi legge. In un mondo dove spesso le parole si perdono nel rumore, la sua voce emerge come un canto solenne, capace di toccare le intuizioni più intime e di risvegliare la coscienza collettiva. La sua opera diventa così un invito a esplorare, a interrogarsi e a trovare significato nell'inesprimibile, trasformando il dolore e la gioia in un linguaggio condiviso.

Copyright © 2024 Maria Falsetta

02 Dicembre 2024

"La fedeltà

è un cane

in cerca del suo padrone."

Le donne non sono tutte uguali!

"Fatevene una ragione".

"Niente è più accecante

della felicità negli occhi di un bambino."

Quando una strada non la trovi;

"Inventala."

"Se non vuoi farti male impara a volerti bene."

"La complicità

non la trovi con chiunque
solo
con un'anima affine alla tua."

La prigione dell'uomo:

"La mente".

"L'anima è un vestito

che non può indossare chiunque".

Che strada prendi?

"Scelgo quella che mi fa stare bene."

"Sono allergica a tutto ciò che

è

abuso, violenza, e mancanza di rispetto".

"Non siamo soli."

"Una donna senza dignità

è

come una Ferrari

col motore di una cinquecento."

"È quando ti rialzi che gli altri cominciano a cadere uno ad uno."

"Certi amori hanno la durata di un fiammifero."

Dalle paure se ne esce solo se le attraversiamo.

"Non date niente per scontato, soprattutto la vita."

"Non sono nessuno per essere qualcuno."

"Ciò che non vuole restare in piedi, lascialo cadere."

"Non abituatevi a tutto perché tutto non si abituerà a voi."

"Lo stile e la propria dignità non sono acqua da bere."

"Le donne che si rispettano non inseguono."

"Un fatto è una risposta conclamata."

"Le insinuazioni, sono cospirazioni costruite a tavolino."

Succede che certe persone anche se sono lontane,

le senti che ti chiamano per nome...

Gli anni si contano in Mesi.

I mesi in Settimane.

Le settimane in Giorni.

I giorni in Ore.

Le ore in Minuti.

I minuti in Secondi.

I secondi in Attimi.

Gli attimi in Vita.

La vita in Battiti.

"Non essere il premio di chi non ti merita."

"Quando mi guardi negli occhi, mi fai ingoiare il cuore."

"Le donne che si rispettano, sanno farsi rispettare".

"Se la ami non ferirla."

"Se ci tiene, ti porta nella sua vita".

Ci vuole stile anche per accavallare un paio di gambe.

"Non è cosa da poco."

"L'originale non è un'imitazione".

"Si vive una sola volta, poi si muore per sempre."

"La strada della bugia la conosce solo la verità".

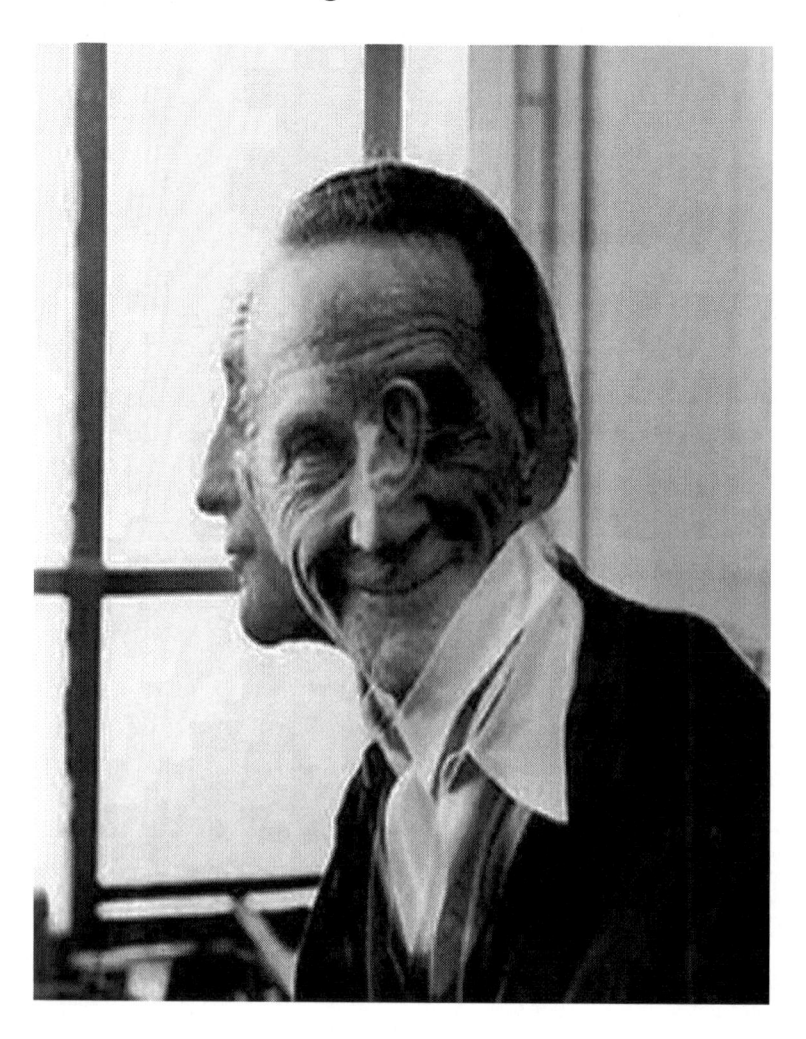

"Alcuni pensano così tanto che trascorrono la maggior parte della loro vita nella testa."

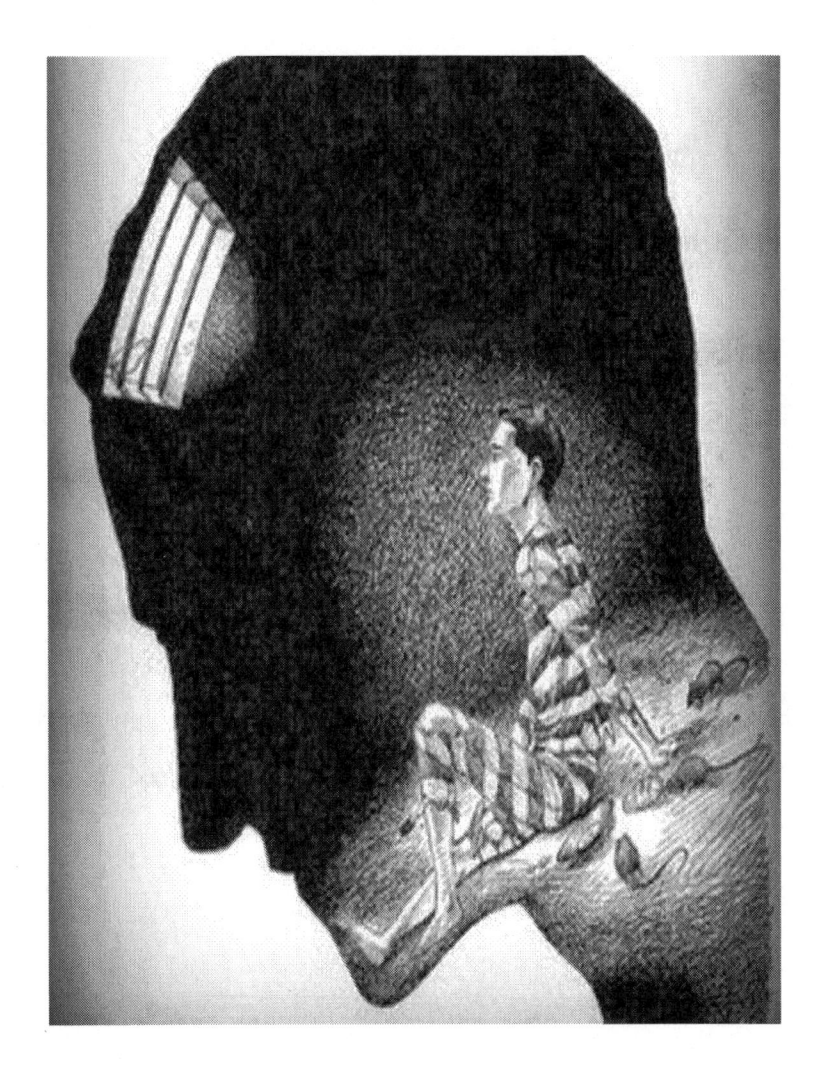

La razionalità è figlia della logica. La logica è sorella della ragione.

"Entrambe sono partorite dall'intelligenza".

Non delegare le scelte della tua vita agli altri.

"La tua dignità non deve essere il compromesso di nessuno".

"Ama te stesso prima di tutto e poi tutto il resto."

Certe cose non puoi fare finta di non vederle.
"È come... avere gli occhi e non guardare fuori."

"Gli esauriti sono tutti fuori di testa."

"Il limite è solo un'invenzione della nostra mente".

"Si dice che quando i conti non tornano, qualcuno ha giocato sporco".

Non contrappongo mai il cuore alla mia anima,
perché l'una da forza e amore all'altra:

"Entrambi mi aiutano a vivere".

"Quando chiudo la porta a qualcuno non la sbatto…
l'accompagno con gentilezza e gratitudine".

Chi ha timore di guardarsi allo specchio, spesso ha paura di vedere quello che agli altri non è permesso.

"Le donne coraggiose sono donne libere e indipendenti".

"Dove non c'è empatia, non c'è comprensione, né amore."

"Nel mio cuore alberga la mia anima".

Di bontà non è mai morto nessuno!

"Chi non ha amore per sé stesso non amerà mai nessuno".

"Un'idea nasce da un pensiero. Un pensiero può trasformarsi in un progetto di vita, e un progetto può diventare la tua realtà."

"Chi crede nell'amore non deve convincere nessuno".

"Se desideri conquistarla, fai in modo che sappia di essere l'unica donna che abita il tuo cuore."

"Fa più rumore un trapano che un cuore che tiene in vita un essere umano".

Non paragonarti a nessuna.

"Sei, unica".

Competere con gli stupidi si rischia di fare

la stessa

"Fine."

"Un uomo non è quello che dice di essere
fino a quando dalle parole non passa ai fatti".

Lascia agli altri la convinzione di essere migliori di te.
"Loro non sono te, tu non sei loro".

"Nel tuo cuore e nella mia anima resterà tutto quello che mi hai taciuto ma entrambi abbiamo sentito".

"La vita non si spiega, puoi solo viverla".

"Ovunque andrai, porta con te un pezzo del mio cuore".

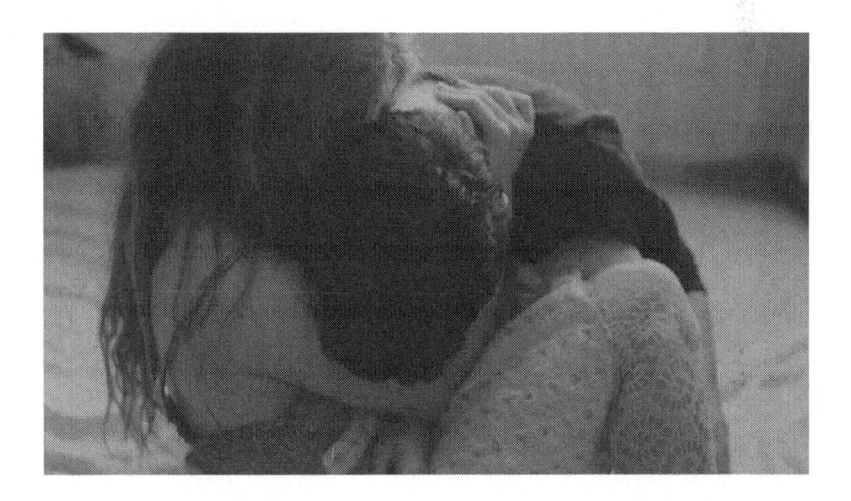

Rischia...

E se ne vale la pena

"Giocati il cuore."

"La nostra anima ci appartiene non datela in pasto ai cani".

"A volte comprendere l'incomprensibile ti porta a comprendere l'inverosimile".

Dei vuoti a perdere non so cosa farmene.

Quando l'amore include contraddizioni, le regole e l'amore vanno a farsi fottere.

"Se vuoi essere diversa non essere uguale alle altre".

"Una donna intelligente, sa quando girare i tacchi

e

andarsene".

Prendi tutto il tempo che desideri, ma non permettere che il tempo si prenda tutto ciò che hai.

La speranza è un impegno duraturo che genera fiducia.

La gratitudine è un sentimento che spesso viene trascurato, poiché molte persone tendono a dare tutto per scontato.Un semplice "grazie" può fare la differenza e ricordarci che ci sono sempre dei buoni motivi per essere grati.

Sii fedele alle tue parole, perché in esse risiede il riflesso della tua verità e la forza del tuo carattere.

Quando cerchi scuse, la vita non progredisce. Se la vita non avanza, la responsabilità è tua, perché non hai la volontà di migliorarti.

Se desideri scoprire la tua vera essenza, allontanati dal dominio dell'ego e abbraccia chi sei realmente.

Se desideri migliorarti, accogli le critiche senza considerarle mai come attacchi personali.

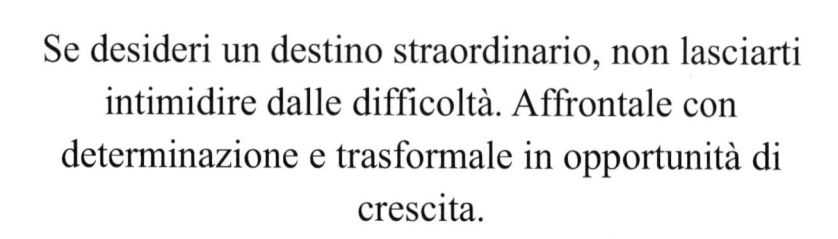

Se desideri un destino straordinario, non lasciarti intimidire dalle difficoltà. Affrontale con determinazione e trasformale in opportunità di crescita.

Una vita priva di sfide perde il suo significato.

Una politica corrotta non sarà mai in grado di praticare l'onestà.

Non sprecare il tuo tempo per chi non ha tempo da dedicarti.

Ciò che mi dà consapevolezza mi aiuta a conoscere sempre meglio la persona che sono.

Una "ragione irragionevole"

non può

"ragionare senza un ragionamento"

fondato sulla

"ragionevolezza."

Un successo ottenuto senza sforzo è un sacrificio mai concepito.

La forma migliore di etica e responsabilità è rappresentata dal dare il buon esempio.

Il cambiamento è il motore che guida le scelte quotidiane che facciamo dopo ogni pensiero.

La vita corre veloce e noi non abbiamo più tempo per starle dietro.

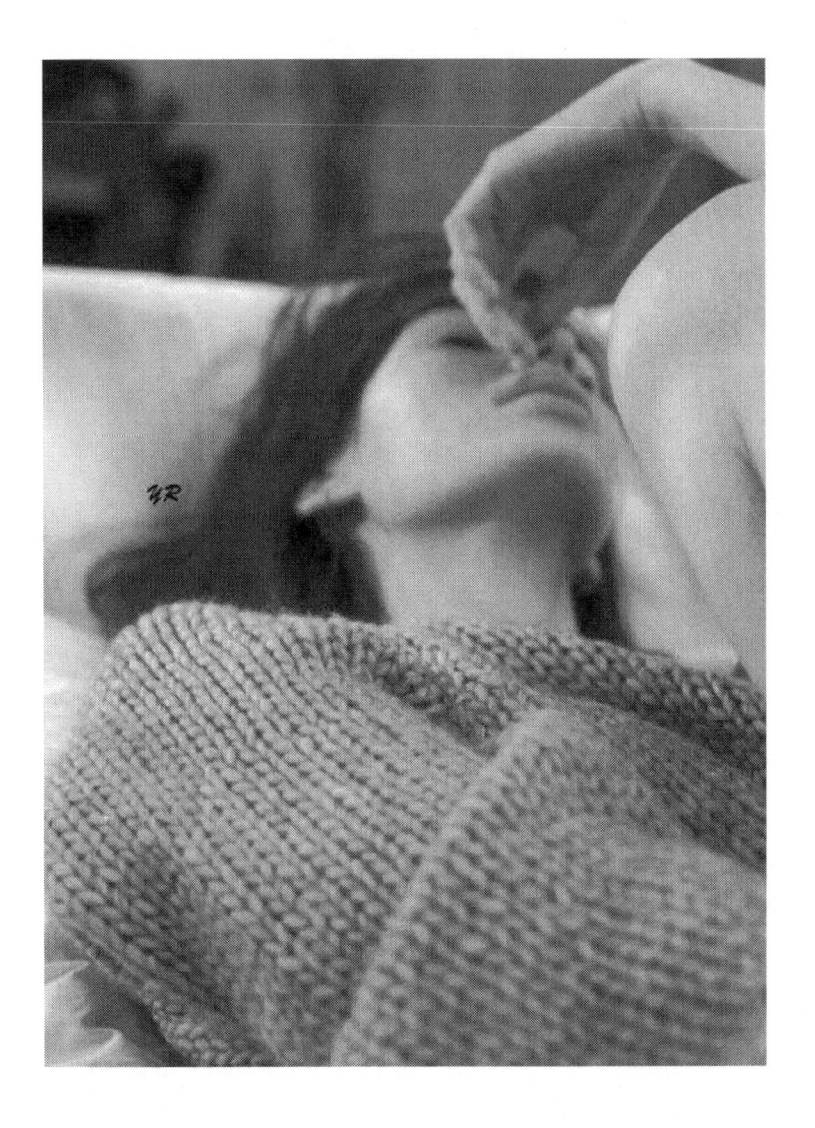

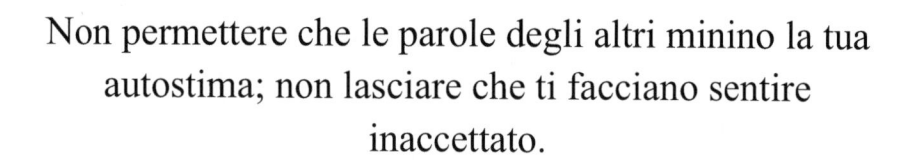

Non permettere che le parole degli altri minino la tua autostima; non lasciare che ti facciano sentire inaccettato.

Sii unico in questo mondo e non diventare la copia di nessuno!

Lascia emergere il tuo vero io, non farti imprigionare dai condizionamenti.

Quando senti le gambe tremare, fermati un attimo
e chiama in aiuto il tuo coraggio.

Cresci quando oltrepassi ogni limite

e

ti avventuri nell'infinito.

Tratta le persone come ti trattano e non avrai rimpianti.

Le cicatrici di una donna possono convivere con un sorriso sulle labbra, nascondendo al mondo ciò che porta nel cuore.

"Chi possiede la libertà di partire riflette a lungo prima di compiere il passo, poiché la vera scelta risiede nel peso delle possibilità e nel significato del distacco."

La vita è imprevedibile; trasforma le tue decisioni in realtà e rendile una priorità.

Non è difficile esserci, quando si ha la volontà di stare accanto a chi si ama davvero.

Aforismi inediti

Copyright © Maria Falsetta
Proprietà intellettuale -Legge, 22.04.1941 n.633

Catanzaro, lì 2 Dicembre 2024

Ringraziamenti

Cari lettori,

come promesso, ho completato il secondo volume di aforismi inediti. Scrivere è la mia grande passione e, credetemi, mentre vi scrivo sono le quattro del mattino e sto dando gli ultimi ritocchi a questo libro. Ho fretta di portare avanti questa collana, perché ho tanti progetti in mente e spero di realizzarli tutti con il tempo.

In questo momento speciale, desidero farvi compagnia, soprattutto perché sto attraversando un periodo davvero difficile. Ho recentemente perso mia madre e la sua mancanza pesa su di me come un macigno. Eravamo molto legate e oggi, più che mai, sento la sua assenza. Nonostante la malattia e le difficoltà, sono grata a Dio per gli anni che ho potuto trascorrere con lei.

Per un po', non riuscivo più a scrivere né a pensare; mi sentivo bloccata, come se un peso mi opprimesse lo stomaco. Ma un giorno, ho trovato la forza di alzarmi dal letto e mi sono detta: "Maria, devi andare avanti, non puoi rimanere così!" Così, ho acceso il computer e ho ricominciato a scrivere, e ora le idee sgorgano come un vulcano in eruzione.

Spero davvero di offrirvi qualcosa di prezioso con le mie opere letterarie. I miei libri sono introspettivi e ricchi di esperienze e cultura, e mi piacerebbe che li leggeste.

Per il resto, non ho molto altro da aggiungere.

Grazie per il tempo che dedicherete alla lettura dei miei scritti.

Alla prossima e arrivederci!

Copyright © Maria Falsetta

Proprietà intellettuale -Legge, 22.04.1941 n.633
Catanzaro, lì 2 Dicembre 2024

Terminato di scrivere nel mese di Dicembre 2024

c/o la mia abitazione

Catanzaro – Italy

Copyright © Maria Falsetta
Proprietà intellettuale -Legge, 22.04.1941 n.633

Made in the USA
Middletown, DE
17 February 2025